UN VENDREDI

COMÉDIE-VAUDEVILLE EN UN ACTE

Par M. JOSEPH BOUCHARDY

Représentée pour la première fois, à Paris, sur le théâtre des VARIÉTÉS,
le 7 avril 1849.

Prix : 50 centimes.

PARIS

BECK, LIBRAIRE

RUE GIT-LE-COEUR, 12

TRESSE, successeur de J.-N. BARBA, Palais-National.

1849

UN VENDREDI

COMÉDIE-VAUDEVILLE EN UN ACTE,

PAR M. JOSEPH BOUCHARDY,

Représentée pour la première fois, à Paris, sur le théâtre des VARIÉTÉS, le 7 Avril 1849.

PERSONNAGES.	ACTEURS.
BONAMI, caissier, 65 ans...............................	MM. Bouffé.
ANDRÉ, son filleul.....................................	P. Labas.
GRIMPREL, entrepreneur................................	Bardou.
CABASSOL, propriétaire................................	Dussert.
GASPARD, fils de Cabassol.............................	Kopp.
MARIE, 18 ans.................................	Mlle Virginie.

Les indications de droite et de gauche sont prises de la salle.

Le bureau de M. Bernard, receveur des contributions à Bourges. Porte au fond, deux portes latérales sur des pans coupés ; à gauche, au premier plan, une fenêtre, près de laquelle sont accrochées deux cages, et dans le mur, au premier plan, une caisse de fer, du même côté, un grand bureau; du côté opposé une table, sièges, casiers, au fond, sur une table, une carafe et un verre.

SCENE PREMIERE.

(Au lever du rideau, Gaspard tient à la main une perruque à laquelle il fait des points avec une aiguille ; s'interrompant tout à coup et prêtant l'oreille.)

GASPARD.

Oh! celle-là sera peut-être encore la meilleure; quoique les autres... il me semble entendre marcher. *(Il va ouvrir avec précaution la porte du fond et regarder en dehors ; refermant la porte.)* Personne. Je me trompais. Continuons notre ouvrage... Ah! père Bonami, vous sortez... et vous avez l'imprudence de laisser votre pupître ouvert... j'en profite, moi... Oh! cette fois, je ne me trompe pas, on monte l'escalier, c'est sans doute le père Bonami. *(Il met rapidement la perruque dans le pupître de Bonami qui est sur le grand bureau.)*

SCENE II.

GASPARD, GRIMPREL.

GRIMPREL, *entrant par le fond.*

Pardon, Monsieur, suis-je bien ici chez M. Bernard, receveur des contributions.

GASPARD.

De la ville de Bourges... oui, Monsieur, mais M. Bernard est à cette heure à Paris.

GRIMPREL.

Je désirerais parler à M. Bonami, son caissier.

GASPARD.

M. Bonami... il est sorti.

GRIMPREL.

Rentrera-t-il bientôt?

GASPARD.

Vous êtes pressé?

GRIMPREL.

Très pressé, j'arrive de Nevers et je voudrais lui parler d'une affaire.

GASPARD, *allant s'asseoir à la table à droite.*

Eh bien! le père Bonami ne vous écoutera pas aujourd'hui.

GRIMPREL.

Pourquoi?

GASPARD.

Parce que c'est aujourd'hui vendredi.

GRIMPREL.

Je ne vous comprends pas.

GASPARD.

Vous ne connaissez donc pas le père Bonami?

GRIMPREL.

De vue seulement.

GASPARD.

Alors vous ne savez pas qu'il est superstitieux comme une vieille femme, pour tout l'or du monde il n'entreprendrait pas une affaire le vendredi...

GRIMPREL.

Celle dont je veux l'entretenir m'est tout à fait personnelle... et je saurai bien le convaincre.

GASPARD.

Essayez, mais je doute que vous puissiez obtenir aujourd'hui quelque chose de ce vieux maniaque.

GRIMPREL.

Il est donc bien maniaque?

GASPARD.

Ah! c'est un drôle de corps, qui a par dessus le marché la passion des bêtes. (*Désignant les cages.*) Tenez, il a apporté jusqu'ici, dans le bureau, une fauvette et une caille... Le patron, M. Bernard, souffre tout au père Bonami, parce que ce vieux radoteur est son caissier depuis vingt-cinq ans, mais moi qui suis commis de M. Bernard et par conséquent forcé de vivre auprès du père Bonami et d'entendre ses sermons éternels, je ne m'en console qu'en lui faisant des farces du matin au soir.

GRIMPREL.

Et il ne s'en fâche pas?

GASPARD.

Non, c'est une justice à lui rendre, il a un assez bon caractère, mais il grogne et me menace de sa haine plus tard, quand il sera riche.

GRIMPREL.

Il doit donc devenir riche?

GASPARD.

C'est à dire qu'il faut encore ajouter à ses ridicules qu'il a celui d'espérer un riche héritage.

GRIMPREL.

Un riche héritage?

GASPARD.

Oui, d'un cousin problématique.

GRIMPREL.

C'est décidément un singulier homme que ce M. Bonami... mais il tarde bien... et je suis impatient...

GASPARD, *à part.*

Une idée! (*Haut.*) Mais j'y songe, tous les vendredis, pour conjurer le mauvais sort, il va le matin à la messe.

GRIMPREL.

A la messe?

GASPARD.

Oui... et vous le trouverez à la cathédrale.

GRIMPREL.

Alors j'y cours, car je suis inquiet et très pressé.

ENSEMBLE.

Air : *Cette pièce authentique.*

GASPARD.

Sans perdre un seul moment,
Courez à sa poursuite,
A l'église allez vite,
Vous l'y verrez assurément.

GRIMPEL.

Sans perdre un seul moment,
Je cours à sa poursuite,
A l'église allant vite,
Je dois le voir assurément.

SCENE III.

GASPARD, *puis* BONAMI.

GASPARD.

Va... mon gaillard... va le chercher à la cathédrale... plus souvent que tu l'y trouveras. (*Regardant par la fenêtre.*) Il se hâte, il court... diable! il va rencontrer le père Bonami qui vient... non, il passe auprès de lui... il continue son chemin. (*Quittant la fenêtre.*) Allons! en voilà encore un qui va trotter pour le roi de Prusse... Quant au père Bonami je veux lui en préparer une de ma façon... et elle sera bonne... elle sera bien bonne! (*Il prend l'encrier et va mettre de l'encre au bec de canne de la porte du fond, puis revenant s'asseoir à sa place.*) Oh! je m'appelle Gaspard et je justifie bien mon nom!

BONAMI, *entrant par le fond; il a sous le bras une botte de mouron, il tient dans sa main gauche des branches de millet et un colifichet, il a la main droite noircie, il la montre avec humeur à Gaspard.*

Je vous demande un peu si c'est bien propre et bien farce!

GASPARD.

Qu'est-ce que vous avez donc, monsieur Bonami?

BONAMI.

Ce que j'ai, parbleu! vous le savez bien, je me suis sali la main avec l'encre que vous avez mise au bec de canne.

GASPARD, *riant.*

Ce n'est pas moi.

BONAMI, *s'essuyant la main avec son mouchoir.*

Oh! je vous conseille de rire... c'est une bien jolie farce... et elle est neuve surtout... Quand j'étais à l'école, on ne la faisait déjà plus cette farce-là, on la trouvait trop connue... Mais pour vous qui avez tant d'esprit, c'est toujours nouveau. (*Il ouvre la porte du cabinet qui est à gauche.*) Vous êtes donc encore entré dans mon cabinet?

GASPARD.

Moi? je n'y ai pas mis les pieds.

BONAMI.

Non! mon parapluie s'est peut-être ouvert tout seul. (*Entrant dans le cabinet pour accrocher son manteau.*) Et dire que vous faites tout cela par méchanceté. (*Rentrant en scène.*) Vous verrez que je serai forcé d'y mettre un cadenas. (*S'approchant des oiseaux.*) Oui, mes fifis... oui, vous allez en avoir... Voyez un peu cette petite fauvette, comme elle sautille parce qu'elle a aperçu le mouron... tu vas en avoir... oui. (*A l'autre oiseau.*) Et toi aussi, ma cocotte... (*Il met sur son bureau la cage de la fauvette.*) Allons, bon ! C'est encore vous qui lui avez mis ses bâtons en croix.

GASPARD.

Ce n'est pas moi,

BONAMI.

Non ! c'est le chat, n'est-ce pas? (*Il arrange les bâtons.*) Mais vous avez donc le diable au corps ! Qu'est-ce qu'elle vous a donc fait cette bête pour vouloir lui porter malheur?

GASPARD, *se levant.*

Elle m'ennuie, elle m'agace... Je voudrais la voir dans une casserole, à quoi est-elle utile?

BONAMI.

Ah ! mon Dieu, si l'on se débarrassait de tout ce qui est inutile dans le monde, j'en connais plus d'un.

GASPARD.

Oh! parbleu, vous voudriez le déluge, et vous referiez une arche de Noé, vous qui aimez mieux les bêtes que les hommes.

BONAMI.

J'aime les bêtes... (*L'examinant.*) pas toutes.

GASPARD.

C'est vrai, car il y en a que vous vous plaisez à faire souffrir.

BONAMI.

Comment, moi?

GASPARD.

Vous croyez donc qu'il n'y aurait pas plus d'humanité à lâcher vos oiseaux qu'à les tenir en cage.

BONAMI.

Je les tiens en cage parce que la chasse est ouverte.

GASPARD.

La caille, d'accord, mais la fauvette... on ne tue pas cela à la chasse.

BONAMI.

Non, merci, on se gêne... eh bien ! et vous qui êtes parti à cinq heures du matin le jour de l'ouverture de la chasse avec des grandes guêtres et un carnier qui vous pendait jusqu'aux mollets, vous êtes revenu le soir avec deux pierrots. Vous appelez donc cela de la grosse bête.

GASPARD.

Je les avais tués sans le vouloir, en tirant sur un lièvre.

BONAMI.

Qui était perché sur un tilleul... laissez-moi donc tranquille.... d'ailleurs, les lièvres à la chasse vous savez bien que c'est trop cher pour vous... quoique M. votre père soit riche et mon propriétaire. (*Il s'occupe de ses oiseaux.*)

GASPARD.

A propos de mon père et de sa propriété, vous savez que tout est décidé?

BONAMI.

Quoi?

GASPARD.

La démolition de sa maison que vous habitez... ainsi, vous qui êtes son locataire, vous voilà forcé de chercher un nouveau gîte.

BONAMI, *avec inquiétude.*

Comment ! il faudra que je quitte la chambre que j'ai toujours habitée depuis que je suis de ce monde.

GASPARD.

Et c'est désolant, n'est-ce pas, pour un homme qui tient tant à ses habitudes.

BONAMI.

Oh ! je suis bien bon de me tourmenter... je suis sûr que c'est encore une farce que vous me faites. (*Il va raccrocher la fauvette et met la cage de la caille sur son bureau.*)

GASPARD.

Non, monsieur Bonami... je vous jure... d'ailleurs vous savez que depuis deux ans mon père cherchait vainement un acquéreur?

BONAMI.

Oui.

GASPARD.

Eh bien ! fatigué de son insuccès, il a pris le parti d'abattre la maison, et d'enclore le grand terrain qui l'entoure, dans l'espoir de le louer comme chantier propre à de grands travaux puisque le chemin de fer doit passer par ici.

BONAMI.

Oh! ça ne m'étonne pas... aujourd'hui vendredi, je devais apprendre une mauvaise nouvelle.

GASPARD.

Mais puisque ça vous fait tant de peine de quitter la maison... achetez-la... elle est à vendre.

BONAMI.

Et avec quoi... bon Dieu ! Ah ! je vous jure bien que si j'avais de l'argent...

GASPARD.

Si vous n'aviez pas tant prêté à tort et à travers; si vous n'aviez pas racheté votre filleul de la conscription...

BONAMI.

Le pauvre garçon serait soldat...

GASPARD.

Et vous ne seriez pas si pauvre. Mais, une idée !..

BONAMI.

Laquelle...

GASPARD.

Empruntez sur votre héritage à venir, puisque vous devez hériter de votre riche cousin de Lyon, le major Bonami, que vous n'avez jamais vu.

BONAMI.

Je dois hériter de lui si je ne meurs pas le premier; et quand on a mon âge... quoique pourtant il doit être mon aîné... et cependant, je l'avoue, comme nous devons nous en aller tous les deux et qu'il n'est pas probable que nous partirons exactement le même jour, je me suis dit quelquefois : si le bon Dieu faisait que ce fût lui qui commençât... alors... je... mais je suis là à causer... à bavarder, au lieu d'arranger mes oiseaux. (*A ses oiseaux.*) Oui, mes fifis... oui je vais vous donner de l'eau propre... et du colifichet... oui, oui! oui! oui!.. C'est ce Gaspard qui me dérange.

GASPARD.

Je ne vous dérangerai plus, car il faut que j'aille à la poste.

BONAMI, *occupé de ses oiseaux.*

Bon voyage.

GASPARD, *s'arrétant, à part.*

J'oubliais de lui dire... (*Haut.*) Dites donc, monsieur Bonami.

BONAMI.

Qu'est-ce encore ?

GASPARD.

Connaissez-vous quelqu'un à Nevers.

BONAMI.

Non, pourquoi?

GASPARD.

Il est venu ici ce matin, pour vous parler, un monsieur qui arrivait de Nevers.

BONAMI.

Comment se nomme-t-il ?

GASPARD.

Il ne me l'a pas dit... mais il va revenir.

BONAMI.

Comme il lui plaira.

GASPARD, *à part.*

Et j'aime autant ne pas être ici quand reviendra ce Monsieur, il n'aurait qu'à se fâcher... (*Haut. Au revoir, monsieur Bonami.

BONAMI.

Au revoir, monsieur Gaspard.

ENSEMBLE.

GASPARD, *à part.*
Cet homme, je le pense,
Furieux va rentrer,
Je dois avec prudence,
D'ici me retirer.

BONAMI, *à part.*
De sa sotte présence
Il va me délivrer,
Car il va, je le pense,
D'ici se retirer.

(*Gaspard sort.*)

SCENE IV.

BONAMI *seul, puis* GRIMPREL.

Que diable peut me vouloir ce M. de Nevers... il reviendra si ça l'intéresse...

(*Il fredonne en arrangeant son oiseau.*)

Que ne suis-je la fauvette,
Que ne suis-je le serin,

Qu'avec votre serinette,
Vous instruisez le matin ?
Ah ! si j'avais leur plumage,
Profitant de la leçon,
Je dirais dans mon ramage :
Baisez, p'tit fils, p'tit mignon!

Allons ! voilà que je chante un vendredi !..

GRIMPREL, *entrant, du fond.*

Monsieur Bonami?

BONAMI.

C'est moi, Monsieur...

GRIMPREL.

Monsieur... j'étais allé à votre rencontre et je n'ai pas eu le bonheur de vous joindre à l'église.

BONAMI.

Comment, à l'église?

GRIMPREL.

Oui... on m'avait dit...

BONAMI.

Monsieur... je n'y vais que le dimanche... à neuf heures du matin... tous les dimanches.

GRIMPREL.

Pourtant un jeune homme qui était ici m'a assuré que tous les vendredis...

BONAMI.

Gaspard... c'est une farce qu'il vous a faite, il faut toujours qu'il fasse des farces.

GRIMPREL.

Ah ! c'était une farce que cet insolent... Enfin ! je vous trouve, Monsieur, et je voudrais obtenir de vous quelques renseignements.

BONAMI.

A votre service, Monsieur, veuillez seulement me permettre d'accrocher ce petit animal, et je vous écoute. (*Il prend la cage.*)

GRIMPREL.

Faites donc...

BONAMI, *accrochant la cage.*

Vous comprenez, Monsieur... ces pauvres petits innocents ne peuvent pas se servir eux-mêmes... et si on ne les aidait pas un peu...

GRIMPREL.

Monsieur, à ce qu'il paraît, aime beaucoup les oiseaux.

BONAMI.

Beaucoup !

GRIMPREL.

Eh ! vous avez là une fauvette ?

BONAMI.

A tête noire... Monsieur, cette petite bête-là, je l'ai arrachée à un gamin qui l'avait harnachée avec une ficelle pour lui faire traîner un sabot.

GRIMPREL.

Les enfants ont des idées...

BONAMI.

Mon Dieu!.. on est bien jeune quand on est enfant.

GRIMPREL.

Et l'autre est une alouette?

BONAMI.

Non, Monsieur, c'est une caille...

GRIMPREL.

Ah! c'est une caille...

BONAMI.

Que j'ai achetée chez un pâtissier qui allait la mettre dans un pâté... pauvre petite bête... j'ignore si elle sait qu'elle me doit la vie... mais dans tous les cas je ne lui demande pas de reconnaissance...

GRIMPREL.

La caille est un oiseau assez insignifiant...

BONAMI.

Mon Dieu, Monsieur... ça boit, ça mange... ça dort... ça vit... il y a beaucoup d'animaux raisonnables qui n'en font pas davantage...

GRIMPREL.

Oh! certainement.

BONAMI.

Enfin, ce sont mes petits réchappés, et ça me fait plaisir de les voir vivre auprès de moi... Maintenant, Monsieur, si vous voulez vous donner la peine de vous asseoir... (*Il va prendre une chaise près de la table de Gaspard.*) Je suis tout à vous.

GRIMPREL.

Volontiers, Monsieur. (*Il prend une chaise près du pupitre de Bonami, tandis que celui-ci va lui en chercher une autre.*)

BONAMI, *le voyant assis.*

Pardon, Monsieur!.. ça va peut-être vous sembler singulier... mais si vous vouliez prendre cette autre chaise... celle-ci, est la mienne et j'ai l'habitude...

GRIMPREL, *se levant.*

Comme il vous plaira, Monsieur. (*Il fait tourner la chaise en la prenant.*)

BONAMI, *l'arrêtant.*

Oh! Monsieur, je vous en supplie... ça porte malheur dans la maison... il y a des gens qui prétendent que non... mais moi, j'ai là dessus mes idées...

GRIMPREL, *à part, en s'asseyant.*

Ce jeune homme me l'avait bien dit, c'est un maniaque.

BONAMI, *s'asseyant.*

Je vous écoute.

GRIMPREL.

Monsieur vous habitez la maison qui appartient au nommé Cabassol.

BONAMI.

Depuis que je suis au monde, mon père était locataire du père de M. Cabassol.

GRIMPREL.

Et j'en suis bien aise.

BONAMI.

Vous êtes bien honnête, Monsieur, mais je ne devine pas en quoi cela peut vous être agréable.

GRIMPREL.

C'est que je désire avoir d'importants renseignements sur cette propriété, dont je veux devenir acquéreur.

BONAMI.

Acquéreur! ah! je vous le conseille... je vous le conseille. (*A part.*) La maison ne sera pas démolie.

GRIMPREL.

Dites-moi, il y a une quarantaine d'années n'avait-on pas ouvert une carrière dans le grand terrain qui dépend de la maison.

BONAMI.

Oui, du vivant du père de M. Cabassol.

GRIMPREL.

Vous l'avez vue dans votre enfance?

BONAMI.

Je l'ai si bien vue que j'ai même failli me casser le cou en dégringolant dans le trou.

GRIMPREL.

Ah! tant mieux!

BONAMI.

Comment, tant mieux?

GRIMPREL.

Oui, parce que je suis sûr de l'exactitude du renseignement que vous me donnez et je vais m'occuper de cette acquisition. (*Il se lève.*) Monsieur, votre serviteur. (*Il remonte.*)

BONAMI, *se levant.*

Monsieur, j'ai bien l'honneur de vous saluer... je suis ravi de savoir que Monsieur va faire cette excellente affaire.

GRIMPREL, *revenant.*

Ah! pardon, Monsieur... veuillez donc, je vous prie, déménager au plus tôt... car avant trois jours, j'aurai démoli la maison et rouvert la carrière. Je vous salue. (*Il monte la scène pour sortir.*)

BONAMI.

Comment! vous voulez démolir... mais un instant... j'ai encore bien des choses à vous dire. (*A part.*) En voilà un qui est encore plus pressé que M. Cabassol.

GRIMPREL, *revenant.*

Qu'est-ce, Monsieur?

BONAMI.

Vous voulez rouvrir la carrière parce que vous croyez que c'est du moellon... vous vous dites: il y a là une carrière de moellon.

GRIMPREL.

Ce n'est pas du moellon?

BONAMI.

C'est du granit.

GRIMPREL.

Du granit!.. oh! alors ce que vous me dites là me décide plus que jamais... je vais aujourd'hui examiner les lieux, prendre mes mesures... et demain j'aurai terminé avec le propriétaire.

BONAMI.

Vous n'aurez pas perdu de temps.

GRIMPREL.

Je suis très expéditif... j'ai toujours en poche quelques billets de banque et j'enlève les affaires du granit!...

Air : *Gloire à Nicot.*

GRIMPREL.

Point de retard, adieu, je pars,
Grâce à vous je vais faire
Une excellente affaire.
Point de retard, adieu, je pars.

BONAMI.

Point de retard, hélas ! il part,
C'est moi qui lui fais faire
Une excellente affaire,
Et sans retard, hélas ! il part.

(*Grimprel sort.*)

SCÈNE V.

BONAMI, *puis* MARIE.

BONAMI, *redescendant la scène.*

Encore un effet du vendredi... jour de guignon... et dire que ce jour-là revient cinquante-deux fois par an... Avec ce nouveau propriétaire, c'est demain que je serai forcé de chercher un autre asile... Hélas !.. il faudra que je dérange la grande chaise et la chauffrette de ma mère que j'ai toujours laissées près de la fenêtre, à côté de son rouet, comme au temps de sa vie. Il faudra que j'enlève les rideaux de l'alcôve derrière lesquels j'ai été bercé... Il me semble, à l'avance, qu'ailleurs je serai comme abandonné dans un monde nouveau, loin d'un ancien monde que j'aimais. (*Il s'assied avec chagrin près de son bureau.*)

Air : *Contentons-nous d'une simple bouteille.*

J'étais si bien dans mon modeste asile,
D'objets chéris toujours environné ;
Mais de ces lieux on veut que je m'exile,
Pauvre proscrit par le sort condamné.
A mes vieux jours l'espérance est ravie,
Il est brisé mon repos à venir :
Dans la demeure où commença ma vie
Faut-il, hélas ! ne pouvoir la finir.

MARIE, *entrant par la porte du pan coupé, à droite; elle porte une tasse de café.*

Bonjour, Monsieur Bonami.

BONAMI.

Ah ! c'est vous, Marie... Bonjour, mon enfant.

MARIE.

Je vous apporte du bon café... bien chaud, bien sucré. (*Elle le pose sur le bureau de Bonami.*)

BONAMI.

Merci, ma chérie... tous les jours de la semaine vous trouvent toujours aussi complaisante, aussi bonne...

MARIE.

C'est que je sais... (*Elle pose le petit pain à l'envers.*)

BONAMI, *le retournant.*

Oh ! ne mettez jamais le pain sens dessus dessous... c'est comme le sel qu'on renverse...

MARIE.

J'y ferai attention... C'est que je sais que lorsque je vous fais du café le matin, vous êtes de bonne humeur toute la journée.

BONAMI, *prenant son café.*

Malheureusement, le café ne pourra pas me consoler aujourd'hui.

MARIE.

Vous avez du chagrin ? ce n'est pas étonnant, c'est aujourd'hui vendredi, votre mauvais jour.

BONAMI.

Oui... c'est cela.

MARIE.

Et vous avez bien tort de vous tourmenter ainsi. Tenez, moi, je vous le dis en confidence... plus je ris le vendredi et plus je m'amuse le dimanche.

BONAMI.

Prenez-y garde, malheureuse enfant ! ça pourrait bien vous porter malheur, et vous vous en repentiriez plus tard... Ce n'est pas qu'à votre âge, je disais comme vous; et quand ma pauvre mère me défendait de m'amuser, de rire le vendredi, je n'en tenais aucun compte. Et puis, il est arrivé qu'un dimanche, la pauvre femme tomba malade... et que le dimanche suivant on la portait en terre, et depuis ce temps, je n'ai jamais ri le vendredi, parce que je me suis toujours souvenu du malheur du dimanche.

MARIE.

Oh! pardon, Monsieur Bonami, je ne savais pas cela, et je vous promets bien de ne plus me réjouir un vendredi.

BONAMI, *se levant.*

A la bonne heure, mon enfant, et maintenant, parlez-moi de votre père, revient-il bientôt.

MARIE.

Non, je n'ai pas reçu de lettre ce matin... et il m'a bien promis de m'écrire la veille de son arrivée... Et vous, ne pouvez-vous me donner des nouvelles...

BONAMI.

De votre père ?.. non, mon enfant, vous savez bien que c'est toujours à vous qu'il écrit... et.

MARIE.

Non, pas de papa !..

BONAMI.

Ah !.. bon !.. d'André... de mon filleul...

SCÈNE VI.

LES MÊMES, ANDRÉ.

BONAMI, *voyant André qui entre par le fond.*

Arrive donc, mon garçon... On a bien raison de

dire que quand on parle du soleil... Mademoiselle Marie me demandait de tes nouvelles... Mais, qu'as-tu donc?.. tu as l'air tout bouleversé !

MARIE.

C'est vrai !

ANDRÉ.

Non... je n'ai rien.

BONAMI.

Mais, cependant.

ANDRÉ, *bas à Bonami.*

Éloignez Marie, mon parrain... il faut que je sois seul avec vous.

BONAMI.

Ah ! diable !

MARIE, *à part.*

Bien sûr... il y a quelque chose.

BONAMI, *à part.*

Éloigner Marie... comme c'est facile... tandis qu'elle est inquiète... Ah ! une idée !.. (*Bas à Marie, en l'entraînant à gauche.*) Écoutez-moi, mon enfant... je ne sais pas si vous êtes comme moi, mais je crois qu'André nous cache quelque chose.

MARIE.

J'en suis sûre.

BONAMI.

Et peut-être bien que si vous n'étiez pas là... parce que... vous comprenez... ce n'est pas pour vous renvoyer... bien au contraire... mais si vous vouliez vous en aller.

MARIE.

Vous pourriez le faire causer.

BONAMI.

Voilà !

MARIE.

Et vous pourriez me dire ensuite ce qui le tourmente.

BONAMI.

Quand une fois je le saurai.

MARIE.

Je m'en vais... et je reviendrai aussitôt qu'il sera parti. (*Elle va prendre la tasse sur la table de Bonami.*)

BONAMI.

C'est cela... n'ayons pas l'air.

MARIE, *en passant près d'André.*

Au revoir, Monsieur André.

ANDRÉ.

Au revoir, Mademoiselle Marie.

Air :

BONAMI, MARIE.

Vraiment j'ai peur
D'un grand malheur,
Ce secret-là
On le saura.

ANDRÉ.

Ce grand malheur

Pèse à mon cœur,
Ce secret-là
Il le saura.

(*Marie sort à droite.*)

SCÈNE VII.

ANDRÉ, BONAMI.

BONAMI, *se rapprochant d'André*.

Voyons, nous sommes seuls... dis-moi bien vite.

ANDRÉ, *s'appuyant avec douleur sur son épaule.*

Oh! mon parrain !

BONAMI.

Voyons, parle... qu'est-ce qu'il y a?

ANDRÉ.

Mon père est ruiné.

BONAMI.

Comment! comment?

ANDRÉ.

Vous savez que mon père a donné sa signature pour six mille francs qu'il doit payer aujourd'hui?

BONAMI.

Oui, le quinze, avant quatre heures.

ANDRÉ.

Vous savez qu'il comptait sur la vente assurée d'un bateau de blé qu'il dirigeait sur Orléans.

BONAMI.

Et que les meuniers attendaient.

ANDRÉ.

Eh bien, mon parrain, cette malheureuse inondation de la Loire, qui a tout ravagé, a englouti avec le bateau toute notre petite fortune...

BONAMI.

Ah! mon Dieu ! qu'est-ce que tu me dis là?

ANDRÉ.

Et dans quelques heures il faut payer... Tout ce que nous possédons... ne peut faire la somme... Ce matin, nous avons empêché mon pauvre père de se jeter sous la roue de son moulin.

BONAMI.

Oui, il y a de quoi faire un acte de folie. Mais en vue d'un pareil événement, on doit pouvoir... D'abord, entre quelles mains sont les billets?

ANDRÉ.

Entre celles de M. Cabassol.

BONAMI.

Il faut le voir... lui parler...

ANDRÉ.

A quoi bon !..

BONAMI.

Enfin il faut agir, oser, tenter. La journée est encore à nous; ne désespérons pas tant qu'elle dure.

B. A.

Air : *Un homme pour faire un tableau.*

Allons, enfant, que le danger
Ne bannisse pas l'espérance !
Il faut, au lieu de s'affliger,
Se fier à la Providence.
Un malheur n'est jamais certain
Pour qui conserve son courage,
Car le bon Dieu lui tend la main
Souvent au plus fort de l'orage.

ANDRÉ.

Ah ! vous me rendez l'espoir, mon parrain.

BONAMI.

Cours chez M. Cabassol, et dis-lui que j'ai à lui parler... Tiens... comme ça se trouve... tu lui diras que j'ai vu ce matin un acquéreur pour sa maison... il viendra pour en causer, et je lui parlerai de votre affaire par la même occasion... puis tu rejoindras ton père et vous attendrez de mes nouvelles.

ANDRÉ.

Oui, mon parrain... je cours prévenir M. Cabassol. (*Il monte à la porte.*)

BONAMI.

Va, va, mon enfant.

ANDRÉ, *revenant.*

Ah! un mot !..

BONAMI.

Qu'est-ce ?

ANDRÉ.

Ne dites rien encore de tout cela à Marie.

BONAMI.

Non , non. Il est inutile de donner l'alarme quand rien n'est encore perdu.

ANDRÉ.

Votre amitié m'engage
A braver le destin,
Je veux avec courage
Lutter jusqu'à la fin.

ENSEMBLE.

Votre amitié, etc.

BONAMI.

Mon amitié l'engage
A braver le destin,
Il veut avec courage
Lutter jusqu'à la fin.

(*André sort par le fond.*)

SCÈNE VIII.

BONAMI, *puis* MARIE*.

Si cependant M. Cabassol allait refuser de prendre des arrangements... si, usant des droits rigoureux... Heureusement je sais un moyen.

MARIE, *qui vient d'entrer par la droite.*

Eh bien ! Monsieur Bonami.

BONAMI.

Ah ! vous voici.

* B. M.

MARIE.

Qu'est-ce qu'il avait ?

BONAMI.

Qui ça ?

MARIE.

André.

BONAMI.

Ah ! oui. (*A part.*) Diable ! que lui conter.

MARIE.

Eh bien ?

BONAMI.

Devinez.

MARIE.

Je crois qu'il est un peu fâché contre moi à cause de la lettre de M. Gaspard Cabassol; mais je vous jure que je ne l'ai lue que parce que je la croyais d'André... on me l'avait glissée dans la poche de mon tablier.

BONAMI.

C'était une farce de Gaspard.

MARIE.

Non ; c'était une déclaration.

BONAMI, *à part.*

Qu'est-ce que j'apprends là ?

MARIE.

Et c'est là ce qui chagrinait André, n'est-ce pas ?

BONAMI.

Parbleu !

MARIE.

Et que lui avez-vous dit pour le consoler ?

BONAMI.

Je lui ai dit de m'envoyer M. Cabassol.

MARIE.

Pourquoi ?

BONAMI.

Eh bien ! pour le billet.

MARIE.

Vous voulez dire la lettre.

BONAMI.

Non, le bill... ah ! oui, oui, la lettre... (*A part.*) Je ne sais plus ce que je dis.

MARIE.

Et vous voulez prier M. Cabassol de défendre à à son fils de m'adresser de nouvelles lettres.

BONAMI.

Naturellement... (*A part.*) Elle me fait mentir comme un arracheur de dents... (*Haut.*) Et comme je suis très impatient de voir M. Cabassol, je crois que je ferai bien, au lieu de l'attendre... d'aller le trouver chez lui.

MARIE.

Ce sera plus sûr.

BONAMI.

Oui, il faut que je fasse un peu de toilette. Je vais d'abord ôter ces manches de travail et refaire le nœud de ma cravate.

MARIE.

Voulez-vous que je vous le refasse ?

BONAMI.

Ah! bien volontiers, ma chérie; je ne sais pas arranger ma cravate quand je ne suis pas chez moi, devant ma petite glace, qui est sur le buffet. (*Marie lui refait le nœud de sa cravate.*) Et puis je vais mettre ma perruque neuve... Quand je la mets, tout me réussit... elle me porte bonheur.

MARIE.

Vraiment!

BONAMI.

Elle m'a sauvé la vie.

MARIE.

Votre perruque?

BONAMI.

Je ne vous ai pas conté ça! Figurez-vous que la première fois que je l'ai mise... je descendais la grand' rue, je passais devant le tapissier... je vois une glace à sa porte. Vous savez, quand on passe devant une glace, et que l'on a quelque chose de neuf... on se regarde... alors je m'arrête, j'ôte mon chapeau... je me regarde... et je me souris. Au même instant, à six pas de moi, il tombe du second étage un énorme pot de fleurs qui se brise sur le pavé... Si je ne m'étais pas arrêté devant la glace pour regarder ma perruque, je le recevais droit sur ma tête.

MARIE.

Ah! mon Dieu!

BONAMI.

Alors je me suis dit depuis ce temps-là : Toi, ma perruque neuve, je te garderai pour les grandes occasions... et vous allez voir comme elle me coiffe bien. (*Examinant sa perruque, qu'il vient de prendre dans son pupitre.*) Allons... bon!... on me l'a cousue... Encore une farce de cet animal de Gaspard.

MARIE, *apercevant Cabassol par la fenêtre.*
Voici M. Cabassol.

BONAMI.

Déjà!.. Allez, mon enfant, laissez-moi seul avec lui.

MARIE.

Et faites bien en sorte que M. Gaspard ne se permette plus de m'écrire.

BONAMI.

Soyez tranquille, allez! (*Il la fait sortir à droite.*) Je vous demande un peu si je pourrai réussir à quelque chose avec ce petit gazon-là... Ma foi, non, j'aime autant n'en pas avoir. (*Il l'ôte et le met dans sa poche. Voyant Cabassol sur la porte.*) Entrez donc, Monsieur Cabassol.

CABASSOL, *entrant.*

Votre filleul André vient de me dire que vous aviez une communication à me faire au sujet d'un acquéreur.

BONAMI.

Je vous demande bien pardon de vous recevoir dans un tel négligé... mais c'est la faute de Monsieur votre fils, qui m'a fait des farces.

CABASSOL, *riant.* Gaspard!.. il a tant d'esprit!.. il faut bien qu'il le dépense... Il m'en fait tous les jours, ce gaillard-là.

BONAMI.

Il vous en fait aussi, à son père?

CABASSOL.

Monsieur, toutes les fois qu'il se lève le premier, il me casse des œufs dans mes bottes. (*Il rit.*)

BONAMI.

Et ça vous fait rire?

CABASSOL.

Enormément... oui, parce que ça me rappelle ma jeunesse. Quand j'avais son âge, moi, j'en faisais, des farces... en faisais-je, de ces farces!

BONAMI, *à part.*

Il paraît que ça tient de famille. (*Haut.*) Monsieur avait aussi beaucoup d'esprit dans sa jeunesse...

CABASSOL.

J'en étais pétri.

BONAMI, *à part.*

Il est aussi bête que son fils.

CABASSOL.

Figurez-vous, Monsieur, qu'un jour qu'il avait neigé... il y a longtemps de cela... il avait gelé la veille... et...

BONAMI, *à part.*

Eh bien! si nous sommes obligés d'attendre le dégel...

CABASSOL.

Une blanchisseuse qui demeurait en face....

BONAMI, *l'interrompant.*

Pardon, Monsieur, j'aurais bien du plaisir à vous entendre... mais cela me ferait peut-être oublier de vous parler...

CABASSOL.

De l'acquéreur... c'est juste...

BONAMI.

Oui... j'avais hâte de vous dire que... mais à propos, dites donc, savez-vous les nouvelles?

CABASSOL.

Oui! oui! oui! Quelles nouvelles?

BONAMI.

Il paraît que la Loire a débordé.

CABASSOL.

Oui... oui... je disais bien... oui... oui... j'ai vu cela ce matin dans mon journal. (*Riant.*) Monsieur, il y a de bonnes gens qui, en sortant de leur lit, se sont trouvées dans l'eau jusqu'à la ceinture.

BONAMI, *à part.*

Il rit de cela, l'animal! (*Haut.*) Et vous savez, ce pauvre père André?..

CABASSOL.

Oui, son fils m'a conté ça... son bateau de blé est perdu.

BONAMI.

Eh! mon Dieu! oui... Et ce pauvre homme

comptait naturellement sur son blé pour payer ses billets.

CABASSOL.

C'est fâcheux !

BONAMI.

Comment, Monsieur... c'est fâcheux ! c'est désastreux !

CABASSOL.

C'est désastreux ! c'est ce que je voulais dire... c'est désastreux !

BONAMI.

Savez-vous qui les a ses billets?

CABASSOL.

C'est moi-même.

BONAMI.

Vraiment ! c'est vous... Ah ! j'en suis bien aise parce qu'alors ce brave père André, ne sera pas tourmenté...

CABASSOL.

Faites excuse ! il a souscrit, il faut qu'il paie.

BONAMI.

Certainement ! et en lui donnant un peu de temps.

CABASSOL.

Du temps ! mais pourrait-il avec du temps... croyez-vous qu'il ira repêcher son blé dans la rivière ?

BONAMI.

Non... Il faudrait être absurde pour penser... il faudrait être encore plus bête que... non, ce n'est pas ça je que voulais dire... mais je sais un événement prochain qui arrangerait tout, s'il avait peu de temps.

CABASSOL, d'un air narquois.

Votre héritage peut-être?

BONAMI.

Non ! quelque chose de plus sûr.

CABASSOL.

Qu'est-ce donc ?

BONAMI.

André, mon filleul, est jeune, mademoiselle Marie, la fille de M. Bernard, l'est aussi, ces enfants s'aiment... et le père André attend le retour de M. Bernard pour faire la demande en mariage.

CABASSOL.

Et vous espérez que M. Bernard donnera son consentement ?

BONAMI.

Je puis vous affirmer qu'il est dans les meilleures dispositions.

CABASSOL.

Ah! il est dans les meilleures. (A part.) Diable ! et moi qui voulais demander Marie pour mon fils.

BONAMI.

Alors vous comprenez que le mariage suivra de près le consentement, et que mon filleul pourra bientôt vous payer la dette de son père.

CABASSOL.

Oui, oui. (A part.) Si je ne les ruine pas de-

main, le mariage de mon fils deviendrait impossible (Haut.) Je vous remercie, monsieur Bonami, de cette confidence, et je vais de ce pas m'occuper de cette affaire.

BONAMI.

Eh bien ! monsieur Cabassol, je vous le dis du fond du cœur... je vous en aurai une éternelle reconnaissance.

CABASSOL.

Oh! non... ça n'en vaut pas la peine... (A part.) Je vais droit chez l'huissier lui dire de préparer le protêt, le jugement et la saisie.

ENSEMBLE.

CABASSOL.

Ah ! quelle heureuse chance !
Mais il faut se hâter ;
De cette circonstance
Je saurai profiter.
        (Il sort par le fond.)

BONAMI.

Ah! quelle heureuse chance !
Il fallait se hâter ;
De cette circonstance
J'ai bien su profiter.

SCENE IX.

BONAMI, glorieux, se frottant les mains.

Eh bien ! franchement il n'est pas si méchant qu'on le dit, enfin ! Voilà le père André sauvé, et ça n'a pas été long... du reste sans vanité. Non, là, vraiment... Je ne veux pas me faire plus malin que je ne le suis... Mais sans vanité, quand je me charge d'arranger moi-même une affaire, et je remercie le ciel qui a permis que je puisse arranger celle-ci, car quand je pense aux conséquences qu'elle pouvait avoir. . quand je pense... Oh ! oui, pauvre père André... rien n'aurait pu le consoler car lorsqu'un homme qui n'a pour toute richesse que son honneur... se voit tout-à-coup déshonoré... Il n'y a ni raisonnement, ni compensation possible, le désespoir l'empoigne, la raison déménage, et alors... un coup de tête est bientôt fait... Enfin, grâce au ciel, nous n'avons rien de tout cela à redouter.

SCÈNE X.

BONAMI, MARIE.

MARIE, entrant par la droite.

Eh bien ?

BONAMI.

Ah ! c'est vous, Marie ?

MARIE.

Qu'est-ce qu'il a dit ?

BONAMI, avec naïveté.

Il m'a dit qu'il lui donnerait du temps !

MARIE.

A qui ?

BONAMI.

Au père André.

MARIE.

Du temps... pourquoi?

BONAMI.

Pour payer les six mille francs.

MARIE.

Quels six mille francs.

BONAMI.

Ah ! c'est que vous ne savez pas... Je ne vous avais rien dit du malheur qui est arrivé... Le bateau du père André a été perdu cette nuit, et le brave homme allait être dépouillé pour le paiement de ses traites, quand j'ai tout arrangé.

MARIE.

Vra iment

BONAMI.

Oui, et j'ai compté sur vous.

MARIE.

Que faut-il que je fasse?

BONAMI.

Que vous accélériez votre mariage avec André.

MARIE.

Bien volontiers.

BONAMI.

Pour peu qu'André soit dans les mêmes dispositions que vous.

ANDRÉ, *au dehors.*

Ah ! ce n'est pas possible ! Vous ne ferez pas ça.

MARIE.

C'est ce que nous allons pouvoir lui demander, car je l'entends.

BONAMI, *voyant André qui entre par le fond.*

En effet, il arrive à propos.

SCÈNE XI.

LES MÊMES, ANDRÉ, *qui vient d'entrer, pâle, agité, tenant une lettre à la main*.

ANDRÉ.

Ah ! mes amis !... tout est perdu !

BONAMI.

Comment ?

ANDRÉ.

Je viens de rencontrer M. Cabassol dans la cour. Il m'a dit que vous lui aviez appris que vous espériez me voir bientôt l'époux de mademoiselle Marie.

BONAMI.

Oui, afin d'obtenir le temps nécessaire pour payer.

ANDRÉ.

Et savez-vous ce qu'il vient de me déclarer.

BONAMI.

Quoi donc ?

ANDRÉ.

Que comme il prétendait unir son fils à Mademoiselle Marie.

* B. A. M.

MARIE.

A moi !

ANDRÉ.

Il allait me traiter en rival qu'il voulait ruiner sans retard.

BONAMI.

Comment ! il a osé te dire... et quel est ce papier que tu tiens à la main ? est-ce que déjà l'huissier ?...

ANDRÉ.

Non, c'est une lettre que le facteur vient de me remettre pour vous. (*Il la lui donne.*)

MARIE.

De mon père, sans doute.

BONAMI, *très agité.*

Probablement. (*Il la jette sur sa table.*) Ah ! M. Cabassol a profité de la confidence que je lui ai faite pour... mais c'est moi qui viens de faire le mal... et je vais tâcher de le réparer, je vais courir après M. Cabassol.

MARIE.

Vous n'ouvrez pas la lettre de mon père ?

BONAMI, *revenant.*

Oh ! pardon, mon enfant !... J'ai la tête si troublée... vite, donne... Je conçois que vous soyez inquiète d'avoir de ses nouvelles. (*Il ouvre la lettre.*)

MARIE, *à André.*

Quoi qu'il arrive, André, je ne serai jamais la femme de M. Gaspard.

BONAMI, *avec exclamation.*

Oh ! mes enfants !... Je ne me trompe pas.

ANDRÉ.

Qu'est-ce donc ?

BONAMI, *de même.*

Les dettes du père André seront payées... et votre mariage est assuré.

ANDRÉ ET MARIE.

Comment !

BONAMI, *prenant le milieu.*

Écoutez ? et vous allez sauter de joie... mais non ! j'y songe, je ne dois rien vous confier aujourd'hui, c'est vendredi.

ANDRÉ ET MARIE, *suppliant.*

Ah ! Monsieur Bonami.

BONAMI.

Mais songez donc, malheureux enfants, qu'un seul cri de joie pourrait devenir le signal d'un malheur pour dimanche.

ANDRÉ.

Nous saurons nous contenir.

MARIE.

Quoi que ce soit.

BONAMI.

Bien vrai?

MARIE ET ANDRÉ.

Bien vrai.

BONAMI.

Vous le jurez ?

MARIE ET ANDRÉ.

Nous le jurons.

BONAMI.

Mais, non, je ne dois pas consentir...

MARIE ET ANDRÉ, *suppliant.*

Ah ! Monsieur Bonami !...

BONAMI.

Vous le voulez, écoutez donc, et soyez bien raisonnables. (*Il lit.*) « Lyon, 14 avril.

ANDRÉ.

Comment, Lyon ?

MARIE.

Ce n'est donc pas de mon père ?

BONAMI.

Vous allez voir. (*Il lit.*) « Monsieur Bonami , « j'ai en même temps la douleur et l'honneur de « vous faire part de la perte douloureuse que « vous venez de faire dans la personne du sieur « Jean Bonami, votre cousin, décédé hier treize « du courant. » (*Parlant.*) Le treize... un mauvais jour. « Et je m'empresse de vous annoncer que « je suis dépositaire de son testament, qui vous « institue son légataire universel. »

MARIE , *sautant de joie.*

Est-il Dieu possible ?

BONAMI,

Voulez-vous bien vous taire avec vos exclamations... Je vous apprends le décès de mon cousin, et vous dansez de joie !... C'est donc bien gentil, ça... il me semble que quand on apprend une mort un vendredi. (*Il lit.*) « Je suis, en attendant « vos ordres ou votre présence, votre très humble « et très obéissant serviteur,

« CHAPISOT, notaire à Lyon,
« département du Rhône. »

ANDRÉ , *éclatant.*

Vive Dieu ! vous voilà riche.

BONAMI.

Veux-tu bien te taire ?

ANDRÉ.

Pardon, pardon... c'est qu'on ne peut pas apprendre de pareilles choses...

BONAMI.

Eh bien ! et moi, est-ce que je ne les apprends pas ? est-ce que je ne vois pas tout à coup que ton père est sauvé ? que M. Cabassol n'aura pas l'agrément de le ruiner et de m'expulser de sa maison... car vous ne savez pas... la maison que j'habite...

ANDRÉ.

Eh bien ?

BONAMI.

Doit être vendue demain pour être abattue.

ANDRÉ.

Il faut l'acheter aujourd'hui.

BONAMI.

Je le crois bien, maintenant que j'ai vingt mille livres de rente... car j'ai... car nous avons vingt livres de rente... et quand je pense à cela, mes enfants, mon imagination m'emporte et je me vois déjà sans inquiétude pour l'avenir, partageant avec vous toutes les joies de ma vieillesse... Je me vois aux beaux jours de printemps, me promenant dans une bonne carriole, avec vous deux à mes côtés, et nous épanouissant tous les trois au soleil... Je me vois enfin l'ami de tous les vieillards et le grand-père de tous les petits-enfants... Et quand je songe à tout cela, voyez-vous, j'éprouve un frémissement qui me parcourt depuis la plante des pieds jusqu'à la pointe des cheveux, je sens que la joie m'étouffe, que mon cœur se gonfle ; mais je me raidis, je résiste et je ne ris pas, moi... Seulement, voyez-vous, mes enfants, si, comme moi, vous sentez une larme vous venir dans l'œil, laissez-la tomber, mes amis... quand on ne peut pas se réjouir d'un grand bonheur, on en pleure... ça console, ça soulage... et même le vendredi... ça n'offense pas le bon Dieu.

MARIE , *pleurant.*

Oh ! oh ! oui, ça... ça soulage de pleurer quand la joie vous étouffe.

BONAMI.

Oui, mais il ne s'agit pas de s'attendrir, nous n'en avons pas le temps... C'est à quatre heures qu'il faut payer les billets du père André... quelle heure est-il ? (*Il regarde à sa montre.*) Trois heures et demie.

ANDRÉ

Déjà ?

BONAMI.

Oui, nous n'avons plus qu'une demi-heure. Voyons, vite, donnez-moi mon chapeau, et avec cette lettre qui prouve que je suis riche, je vais courir chez le notaire, afin de le prier de me prêter six mille francs.

ANDRÉ.

Le notaire est à Paris.

BONAMI.

C'est vrai, mais j'y songe, le maire est un brave homme.

ANDRÉ.

Il est à Paris aussi, pour la discussion du chemin de fer.

BONAMI.

Ces diables de chemins de fer mettent tout le monde en campagne... à qui m'adresser ?

MARIE.

Pourquoi tant vous inquiéter ? Laissez faire à M. Cabassol ses frais de justice.

BONAMI.

Et plus tard, n'est-ce pas, rien ne consolerait le père André si l'on pouvait l'accuser un jour de n'avoir pas fait honneur à sa signature. Mais, comment... j'ai quatre cent mille francs... car voilà ce qu'il y a à se dire, j'ai quatre cent mille francs... et je n'en peux pas payer six mille... il faudra qu'avec ma fortune je laisse flétrir la signature d'un honnête homme.

MARIE.

Vous n'avez pas d'argent dans la caisse ?

BONAMI.

Si... j'ai dix mille francs... Pourquoi ?

MARIE.

Alors nous sommes sauvés.

BONAMI.

Sauvés ?

MARIE.

Assurément... nous pouvons avancer six mille francs au père André.

ANDRÉ, *avec espoir.*

Comment !

BONAMI.

Vous dites que nous pouvons avancer six mille francs ?

MARIE.

Certainement... avec l'argent de la caisse.

BONAMI.

L'argent de la caisse ! Oh !.. non, non, non !..

MARIE.

Si mon père était ici, il ne vous refuserait pas.

BONAMI.

Votre père... Marie... Lui, profiter pour un jour, pour une heure, de ce qui ne lui appartient pas ! non, non... moi, je le connais depuis trente ans, lui, l'honneur et le devoir incarnés... et quand il s'agirait de son frère... de vous-même, Marie, il donnerait son bien, son sang, oui, mais toucher à l'argent dont il est le dépositaire...

MARIE.

Avoir quatre cent mille francs à Lyon... ici ; là, dix mille francs, et se voir forcé de ne pas secourir son ami !

BONAMI.

C'est horrible !

ANDRÉ.

Adieu, Mademoiselle Marie, adieu, mon parrain.

BONAMI.

Où vas-tu ?

ANDRÉ.

Près de mon père... car je crains que son désespoir...

BONAMI, *le retenant.*

Attends ! (*Se promenant très agité.*) Lyon ! de Bourges à Lyon, il y a soixante lieues... pauvre père André... Si... car enfin, quand on voit un homme se noyer, on se jette à l'eau, au risque de périr aussi... Soixante lieues, on doit les faire en vingt-quatre heures... Oui, quand il n'y a pas de sacrifice, il n'y a pas de dévouement.

MARIE.

Voyez donc l'heure, Monsieur Bonami.

BONAMI, *regardant.*

Quatre heures moins un quart.

ANDRÉ, *désespéré.*

Allons, je vais assister au triomphe de Cabassol.

BONAMI, *hors de lui.*

Non, il ne triomphera pas, parce que la Providence ne m'aurait pas enrichi tout à coup si elle voulait permettre... car je puis, moi, si je le veux... je puis... oh ! mon Dieu ! j'ai bien mal dans la tête ! (*Avec délire.*) Non, non, la joie ne sera pas pour Cabassol et le deuil pour les amis d'André... tiens, mon garçon. (*Il va fouiller dans la caisse.*) Tiens, voilà six mille francs. (*Il les lui donne.*)

ANDRÉ, *les prenant.*

Oh ! mon parrain, vous aurez sauvé mon père... je cours, et je reviens vous trouver.

BONAMI.

Oh ! quand tu reviendras... je ne serai plus ici ; moi aussi je cours sur la route. (*Il prend son chapeau.*) Pour prendre au passage la voiture de Lyon... je ne pourrai pas dormir tant que les six mille francs ne seront pas remis à leur place.

ANDRÉ.

Mais la voiture ne passe que ce soir.

BONAMI.

C'est égal, pour être bien sûr de ne pas la manquer, j'aime mieux me mettre en avance.

ANDRÉ.

Mais je pense à une chose... pendant votre absence, la maison de Cabassol sera vendue.

BONAMI.

C'est juste ! mais je sais un moyen. (*Il court à sa table et prend un papier et une plume.*) Tiens, j'écris au bas de cette feuille timbrée : « Approu-« vée l'écriture ci-dessus et d'autre part, ainsi que « toutes les ratures et renvois en marge. Signé « Bonami. » Avec cela, tu feras l'acte de vente quoi qu'il puisse en coûter.

ANDRÉ, *prenant le papier.*

Et vous pouvez vous regarder comme propriétaire. Adieu... adieu, Mademoiselle Marie...

BONAMI.

Va donc vite, si l'huissier...

ANDRÉ, *s'échappant.*

J'arriverai plus tôt que lui. (*Il sort en courant.*)

SCÈNE XII.

BONAMI, MARIE.

BONAMI, *regardant à sa montre.*

Il n'a plus que cinq minutes... il est jeune.. il a de bonnes jambes... il arrivera... Moi, je me hâte de mon côté, et je voudrais être déjà sur la route. Parce que tant que je n'aurai pas remis les six mille francs dans la caisse, je ne pourrai ni boire, ni manger... Ah ça ! mon enfant, je vous rappelle encore que c'est aujourd'hui vendredi... soyez calme, soyez sérieuse... Au revoir... Ah ! j'oubliais... je vous confie mes oiseaux.

MARIE.

Soyez tranquille, j'en aurai bien soin.

BONAMI.

Vous leur direz que je ne serai pas longtemps, adieu !

MARIE.

Et votre bagage ?

BONAMI.

Oh'! il ne sera pas bien embarrassant. (*Désignant le petit cabinet à gauche.*) J'ai là tout ce qu'il me faut.

MARIE.

Il faut bien vous couvrir, vous allez voyager la nuit.

BONAMI.

Je vais prendre mon manteau... et puis, je ne pars pas pour longtemps... Soyez tranquille, mon paquet sera bientôt fait. (*Il entre dans le cabinet.*)

SCENE XIII.

MARIE, *seule, puis* GASPARD, *puis* BONAMI.

Pauvre M. Bonami!.. C'est à lui que nous devrons notre mariage... Oh ! si j'osais me réjouir... Mais, non, j'ai bien promis de garder toute ma joie pour demain. (*Elle s'assied à droite.*)

GASPARD, *entrant par le fond.*

Mademoiselle Marie seule... profitons de la circonstance. (*Il s'approche d'elle*) Mademoiselle.

MARIE.

Ah! c'est vous, vous m'avez fait peur.

GASPARD.

Ce n'était pas mon intention... Mademoiselle, et vous devinez sans doute avec quelle impatience.

MARIE.

Quoi?

GASPARD.

J'attends une réponse... à la lettre... que...

MARIE.

Monsieur, dans peu de jours je serai mariée avec André.

GASPARD.

Faites excuse !

MARIE.

Mais je vous le certifie.

GASPARD.

Mais, non.

MARIE.

Mais, si.

GASPARD.

Mais, non... Je suis désolé de vous contredire, mais vous ignorez sans doute...

MARIE.

C'est au contraire vous qui ne savez pas... et je suis enchantée de pouvoir vous instruire... Apprenez donc que les billets du père André sont payés... qu'André sera trois fois plus riche que vous... qu'il est beau ! que vous êtes laid.. que je l'aime ! que je vous déteste... et qu'il est inutile de m'importuner plus longtemps.

GASPARD.

Ah bah ! Mais André a donc trouvé une mine d'or ?

MARIE.

Oui, car son parrain vient d'hériter de quatre cent mille francs.

GASPARD.

M. Bonami?

MARIE.

M. Bonami, ah! vous vous êtes bien moqué de lui, quand il parlait de son héritage.

GASPARD.

Et il vient de recevoir une lettre de Lyon ?

MARIE.

Qui lui annonce qu'il est légataire universel.

GASPARD.

Et cette lettre est signée de maître Chapisot, notaire ?

BONAMI.

Oui... Pourquoi ? (*Bonami sort du cabinet avec un petit paquet et s'arrête au fond pour écouter.*)

GASPARD.

Pourquoi? parce que c'est une lettre d'attrape.

MARIE, *épouvantée.*

Vous dites !..

GASPARD.

Je dis que c'est une farce que je lui ai faite.

MARIE.

Mais c'est impossible !

GASPARD.

Pourquoi? rien de plus simple. Cette lettre, je l'ai écrite moi-même en contrefaisant mon écriture, et j'ai chargé un farceur de mes amis qui allait à Lyon de l'y jeter à la poste.

BONAMI, *à part.*

Est-ce qu'il dirait vrai ?

MARIE.

Mais dites donc bien vite que vous mentez.

GASPARD.

Quoi! vous doutez encore ?.. Avez-vous lu la lettre reçue par M. Bonami ?

MARIE.

Oui.

GASPARD.

Eh bien! pour vous convaincre, j'en ai là le brouillon... et je vais vous la lire à mon tour... « Monsieur, j'ai en même temps l'honneur et la « douleur de vous faire part de la perte doulou- « reuse que vous venez de faire dans la personne « du sieur Jean Bonami... »

BONAMI, *se jetant sur lui et lui arrachant la lettre.*

Misérable !.. (*Musique sourde à l'orchestre. Il a arraché la lettre des mains de Gaspard, la parcourt avec inquiétude, la froisse et la laisse tomber à terre avec un tremblement nerveux; il chancelle ; il est soutenu par Marie, qui s'est approchée de lui quand elle l'a vu chanceler.*)

GASPARD, *à part.*

C'est plus sérieux que je ne pensais !

B. M. G.

BONAMI, *avec une colère concentrée.*

Mon Dieu ! qu'il y a des gens méchants dans le monde !.. Oh ! si vous avez voulu me faire du mal, Monsieur, réjouissez-vous... vous avez réussi... et peut-être mieux que vous ne l'espériez. Car à l'heure où, par une fausse lettre, vous m'annonciez que j'étais riche, j'apprenais la ruine d'un ami... et moi qui croyais ma fortune aussi réelle que l'était son malheur... savez-vous ce que j'ai fait... J'ai ouvert cette caisse, confiée à ma garde, et j'ai pris six mille francs pour payer la dette de l'honnête homme, et ces six mille francs, riche, je les empruntais... pauvre, je les ai volés !

MARIE.

Monsieur Bonami !

BONAMI.

Oui, volés !.. (*A Gaspard.*) Savez-vous, Monsieur, que votre mensonge m'a ravi l'honneur, et que je n'ai plus qu'à me brûler la cervelle.

MARIE.

Mon ami !

GASPARD.

Vous dites ?..

BONAMI.

Je dis que si l'on doit anéantir le chien enragé qui tue chaque fois qu'il mord... l'on devrait n'avoir pas plus de pitié d'un mauvais esprit... dont la sotte méchanceté... vient de tuer un honnête homme.

GASPARD.

Votre raison s'égare.

BONAMI, *pâle de colère.*

Peut-être... et je vous conseille de partir... Allez-vous-en !.. sortez !.. j'ai peur de ma folie...

MARIE, *à Gaspard.*

Mais partez donc !

GASPARD.

Je pars... (*A part.*) C'est décidément plus sérieux que je ne pensais. (*Gaspard sort. Bonami tombe assis avec désespoir à gauche.*)

SCÈNE XIV.

BONAMI, MARIE.

MARIE, *se rapprochant de Bonami.*

Du courage, mon ami... c'est un grand malheur... mais on pourra peut-être le réparer.

BONAMI, *pleurant.*

Le réparer... et comment ?

MARIE.

D'abord, je me chargerai de l'annoncer à mon père... je lui dirai que c'est moi qui vous ai conseillé...

BONAMI.

Et votre père vous répondra : Ce n'est pas à toi que j'avais confié le dépôt de l'argent des contribuables... c'était à Bonami, dont l'imprudence est un crime, oui... un crime... car un caissier qui se

laisse entraîner ou tromper est une sentinelle qui trahit sa consigne et manque à son serment... Mais vous, vous tâcherez de me défendre, je le sais.

MARIE.

Oh ! oui.

BONAMI.

Merci... Moi, de mon côté... Laissez-moi, mon enfant... demain nous nous reverrons, et peut-être la nuit nous aura porté conseil... A demain !

ENSEMBLE.

Air de *la Périchole.*

Le bonheur en songe
Nous fut présenté,
Séduisant mensonge,
Triste vérité.

(*Marie sort.*)

SCÈNE XV.

BONAMI, *seul, puis* MARIE.

Pauvre fille ! elle ne sait pas que demain, si j'étais encore dans le pays, je n'oserais plus y regarder personne en face, moi, caissier infidèle... moi qui ai touché d'une main maudite au dépôt que je devais défendre. Moi perdu, criminel, déshonoré... Voleur !.. voleur !.. (*Il cache avec désespoir la tête dans ses mains.*)

MARIE, *rentrant et s'approchant de lui avec précaution.*

C'est encore moi... Je vous apporte ce papier, qu'André vient de me faire remettre pour vous.

BONAMI, *le prenant.*

Ce papier... l'acte de vente de la maison.

MARIE.

Il a conclu le marché ?

BONAMI, *lui montrant l'acte.*

Oui, tenez, voyez... il m'a fait propriétaire. (*Il lit.*) « Et cela pour la somme de quinze mille « francs, que le sieur Bonami paiera à quinze « jours de date. (*Avec regret.*) Il me croit encore riche... pauvre garçon !... Laissons-lui son erreur.

MARIE.

Oui, jusqu'à demain... Bonne nuit et bon courage.

BONAMI.

Merci ! (*Il lui serre la main, elle se dirige vers la droite pour sortir. Se levant.*) Pauvre fille ! je ne la reverrai peut-être jamais ! (*La rappelant.*) Marie !

MARIE, *revenant.*

Qu'est-ce ?

BONAMI, *lui tendant les bras.*

Embrassez-moi, mon enfant. (*Elle court dans ses bras ; il l'embrasse avec effusion.*)

MARIE.

Comme vous m'embrassez... et vous pleurez... oh ! cela me fait peur... je ne veux plus vous laisser seul.

BONAMI.

Pourquoi ?

Air de Teniers.

Quoi ! mon enfant ! quoi, tu t'alarmes !
Lorsque je pleure en t'embrassant ;
Tu souffres en voyant les larmes
D'un cœur triste et reconnaissant.
Le pauvre homme qui se désole
Ému de ta sainte pitié
Au bon ange qui le console
Doit une larme d'amitié !
C'est une larme d'amitié.

MARIE.

Ah ! merci ! merci ! car j'avais bien peur !

BONAMI.

Rassurez-vous, mon enfant.

MARIE.

A demain. (*Elle sort par la droite.*)

BONAMI.

A demain. (*La nuit vient peu à peu.*)

SCENE XVI.

BONAMI, *seul.*

Enfin me voilà seul... oui, mon parti est bien pris, vite, écrivons. (*Il s'assied et écrit. Musique à l'orchestre pendant la lettre.*) « Mon cher maî- tre... je fuis... Je n'ai pas la force d'attendre « vos trop justes reproches. Je vous laisse tout « mon petit mobilier et mes insuffisantes épargnes « que vous trouverez dans la commode dont la « clé est dans mon pupitre... ainsi que celle de « la caisse... Pardon ! pitié ! plaignez-moi, et ne « me méprisez pas... » Maintenant mettons la clé dans ce pupitre avec ma bourse... et ma montre... (*Il s'arrête en regardant sa montre.*) Ma mon- tre !.. elle venait de ma mère. (*Il embrasse sa montre en pleurant.*) Pauvre mère, tu me pardon- neras de m'en séparer... car il le faut... rien ne peut plus m'appartenir... Maintenant, partons au hasard... la nuit m'enveloppera bientôt... et si loin d'ici je ne peux pas trouver à travailler pour vivre... il y a toujours des étangs et des rivières où peut s'endormir un pauvre homme, partons ! Ah !.. (*S'arrétant.*) et mes oiseaux ! pauvres amis, si l'on allait les oublier... s'ils allaient mourir de faim... non, je ne peux pas les exposer ainsi... leur ami s'en va... ils doivent partir aussi. (*Il les prend dans les cages et ouvre la fenêtre.*) Pau- vres oiseaux ! le bon Dieu vous donnera le grain de blé que je vous apportais tous les jours. (*Il leur donne la volée.*) Ils s'envolent... allez, pau- vres amis, montez, montez toujours.

Air des Hirondelles.

Volez avec courage,
Loin d'un monde cruel

Plus haut que le nuage
Vous braverez l'orage
Dans le ciel (*ter*).

Adieu ! adieu, à tout ce que j'aimais ! adieu, pour toujours ! (*Comme il ouvre la porte du fond il se trouve nez à nez avec M. Grimprel qui entre.*)

SCÈNE XVII.

BONAMI, GRIMPREL.

GRIMPREL.

Monsieur Bonami... j'accours.

BONAMI, *égaré.*

Le bureau est fermé, pardon. (*Il veut sortir.*)

GRIMPREL, *le retenant.*

Je viens vous parler d'une affaire.

BONAMI.

Il est sorti, M. Bernard, il est à Paris.. bonjour. (*Il veut sortir.*)

GRIMPREL, *le retenant.*

Mais c'est à vous que...

BONAMI.

A moi, merci, bien obligé. bonjour.

GRIMPREL.

Mais vous ne m'écoutez pas... je conçois qu'une si belle affaire vous ait tourné la tête.

BONAMI.

Une belle affaire... je ne vous comprends pas...

GRIMPREL.

Vous me comprendrez quand vous saurez que je viens vous offrir un beau bénéfice.

BONAMI.

Hein ! quoi ! qu'est-ce que vous dites ?

GRIMPREL.

Que si vous voulez me passer le marché que vous venez de faire avec M. Cabassol, je vous donnerai un fort beau bénéfice.

BONAMI.

Quand ça ?

GRIMPREL.

Tout de suite...

BONAMI.

Donnez-vous donc, je vous en prie, la peine de vous asseoir.

GRIMPREL.

Ne faites pas attention.

BONAMI.

Et puis je vais allumer, parce qu'il me semble que lorsqu'on voit clair, on entend mieux. (*Il al- lume.*) Maintenant je suis à vous. (*Cabassol et Gaspard entrent précipitamment.*)

GRIMPREL.

Alors, Monsieur...

SCENE XVIII.

LES MÊMES, GASPARD, CABASSOL.

CABASSOL, *essoufflé.*

Ah ! mon cher Bonami... nous accourons.

BONAMI.

Qu'est-ce qu'il y a?

CABASSOL.

Mon fils vient de me raconter.

GASPARD.

Oui... j'ai raconté à papa.

CABASSOL.

C'était une farce.

GASPARD.

J'ai raconté la farce.

CABASSOL.

Et je viens vous redemander l'acte de vente de mon terrain.

BONAMI.

Votre terrain... je suis précisément en train de le vendre à Monsieur. (*A Grimprel.*) Vous disiez donc, Monsieur, que...

GRIMPREL.

Je prendrai votre place , et outre le prix de vente...

CABASSOL.

Mais vous n'avez pas le sou... puisque votre héritage était une farce...

BONAMI.

Mais j'ai encore quinze jours pour en faire des héritages, et vous savez bien qu'il est stipulé dans notre acte de vente que je verserai les fonds le trente avril, et nous ne sommes que le quinze.

CABASSOL.

Mais , le trente , avec quoi vous acquitterez-vous ?

BONAMI.

Avec l'argent de Monsieur... Monsieur est très riche, et c'est Monsieur qui paiera.

GRIMPREL.

Oui, j'en prends l'engagement.

CABASSOL.

Mais, mon cher Bonami, vous faites un très mauvais marché... vous ne savez donc pas ce que je viens d'apprendre à l'instant , vous ne savez donc pas que la compagnie vient de décider que c'est sur ce terrain que l'embarcadère...

GRIMPREL.

Nous le savons.

BONAMI.

Nous le savons!

CABASSOL.

Voyons... moi, je suis rond en affaire, déchirons cet acte et je vous donne un bénéfice de deux ou trois mille francs.

GRIMPREL.

Monsieur a trouvé mieux que cela... beaucoup mieux que cela...

BONAMI.

Vous entendez... ce n'est pas moi qui le fais dire à Monsieur. (*A Grimprel.*) Monsieur, si vous le voulez, nous allons écrire nos conventions...

GRIMPREL, *passant de l'autre côté du bureau.*

Très volontiers.

* Gr. B. C. Gas.

BONAMI, *écrivant à son bureau.*

Entre les soussignés...

CABASSOL.

Et si je vous offrais, moi, un bénéfice de dix mille francs.

GRIMPREL.

Moi j'en donnerais douze.

CABASSOL.

Et moi quatorze.

GRIMPREL.

Et moi quinze.

CABASSOL.

Et moi seize.

BONAMI.

Ah ça! tâchons de nous entendre et de ne pas nous embrouiller en parlant tous à la fois. (*Il se lève.*) Qui est-ce qui a dit seize mille francs?

CABASSOL.

C'est moi.

GASPARD.

C'est papa.

BONAMI, *allant à Cabassol.*

Seize mille francs.., mais c'est pour rien... faites attention que vous avez sur le même terrain la maison, la carrière, l'embarcadère et le débarcadère.

CABASSOL.

L'embarcadère et le débarcadère... c'est deux fois la même chose.

BONAMI.

Ah!.. eh bien! c'est ce que je disais, c'est un terrain à double ressource.

GRIMPREL.

Dix-sept mille francs.

BONAMI, *à Cabassol.*

Et vous là-bas.

CABASSOL.

Dix-huit mille francs.

BONAMI.

Dix-huit mille francs... personne ne met au-dessus c'est bien vu, bien entendu.

GRIMPREL.

Vingt mille francs.

CABASSOL.

Vingt-et-un mille francs.

BONAMI, *à Grimprel.*

Et vous là-bas.

GRIMPREL.

J'y renonce à mon grand regret, mais je ne peux pas dépasser vingt mille francs.

BONAMI.

Non!.. Eh bien alors, adjugé à Monsieur qui ne peut pas dépasser vingt mille francs.

CABASSOL.

J'ai dit vingt-et-un

GASPARD.

Papa a dit vingt-et-un.

BONAMI.

Oui!.. et je l'adjuge de préférence à Monsieur... Ah ça! est-ce que je ne suis pas libre de vendre

men bien comme je l'entends... je le donne à
Monsieur, parce que j'aime beaucoup Monsieur...
je ne le connais pas, et c'est sans doute pour cela,
mais je vous connais vous autres... et quand on
vous connaît... Et ce qui va le plus vous éton-
ner, c'est que je le donne à Monsieur, moyen-
nant un bénéfice de 6,000 francs, car c'est
autant qu'il m'en faut pour réparer le malheur
du père André.

GRIMPREL.

Un pareil désintéressement ?

BONAMI.

Oh ! mais, j'y mets deux conditions, il ne faut
pas me faire meilleur que je ne suis.

GRIMPREL.

Lesquelles, Monsieur ?

BONAMI.

La première, c'est que vous me transporterez
à côté du moulin du père André, ma chambrette,
mon hangard, et mon petit escalier de bois.

GRIMPREL.

Je m'en chargerai, Monsieur, c'est facile. Et la
seconde ?

BONAMI.

La seconde, c'est que les seuls six mille francs
que j'exige, vous me les donnerez tout de suite...
car, ça va peut-être vous surprendre, mais j'ai besoin de six mille francs à l'instant même.

GRIMPREL.

A un homme comme vous, l'on ne peut rien
refuser... les voici.

BONAMI, *passant à sa table.*

Ah ! Monsieur... Je vais vous donner un reçu...

GRIMPREL.

C'est inutile, Monsieur... Demain nous règle-
rons toute cette affaire... Il est déjà fort tard... et
j'emporte votre parole qui, pour moi, vaut signature... à demain, Monsieur... à demain...

BONAMI.

A demain... oui... à demain. (*Grimprel sort.*)
BONAMI, *agitant glorieusement les billets qu'il
tient.*

Sauvé ! sauvé ! (*Il va rapidement les mettre
dans la caisse qu'il referme.*)

CABASSOL, *à part.*

Une si belle affaire !

GASPARD.

Dites donc, papa, c'est peut-être encore une
farce !

CABASSOL.

Vous êtes un sot, mon fils... voilà une farce qui
ne coûte vingt mille francs.

BONAMI.

C'est plus cher que des œufs cassés dans les
bottes.

SCÈNE XIX.

LES MÊMES, *excepté* GRIMPREL, MARIE, ANDRÉ.
entrant par le fond.

ANDRÉ, *désignant Bonami.*

Le voici !

BONAMI, *allant à eux.*

Marie ! André !

ANDRÉ.

Nous étions bien inquiets... nous vous atten-
dions à votre porte.

BONAMI.

Il est donc bien tard ?

ANDRÉ.

Il est minuit.

BONAMI.

Comment, minuit ! (*On entend sonner l'heure.*)

MARIE.

Les voici qui sonnent.

BONAMI, *entendant sonner l'heure.*

Minuit ! vive Dieu ! vendredi est passé, c'est
samedi qui commence ! Réjouissez-vous, réjouis-
sons-nous, mes enfants, les six mille francs sont
dans la caisse !

MARIE.

Comment ?

BONAMI.

Et nous allons vous marier.

ANDRÉ.

Nous marier ?

BONAMI.

Demandez plutôt à M. Cabassol et à son farceur
de fils... On peut rire à présent, on peut danser...
oh ! j'ai besoin de sauter et de rire... ça m'étouf-
ferait. (*Il danse et chante.*)

Air de *La belle Bourbonnaise.*

Tra la la ri ra dondaine,
Mon cher Monsieur Cabassol,
Vous n'aimez donc pas la danse.
Soyons heureux, mes enfants !
Et ma petite fauvette !
(*S'arrêtant tout à coup.*)

Ah ! mes pauvres oiseaux !... que je suis donc
fâché de les avoir laissé partir !...

Air de *Préville.*

Pauvres oiseaux, la crainte des malheurs
Vous a rendu libres dans la campagne,
A vous, amis, la verdure, les fleurs,
Et que notre bonheur partout vous accompagne.
(*Au public.*)

Notre bonheur !... J'ose le déclarer,
Car vendredi dans le passé se plonge,
Et samedi l'on peut bien espérer
Que le succès n'est pas rêve ou mensonge.
(*Reprise de la Belle Bourbonnaise à l'orchestre
pendant que le rideau tombe.*)

S'adresser pour la musique à M. NARGEOT, chef d'orchestre au théâtre des Variétés.

FIN.

IMPRIMERIE HYDRAULIQUE DE LIBOIS ET VIALAT, A LAGNY.